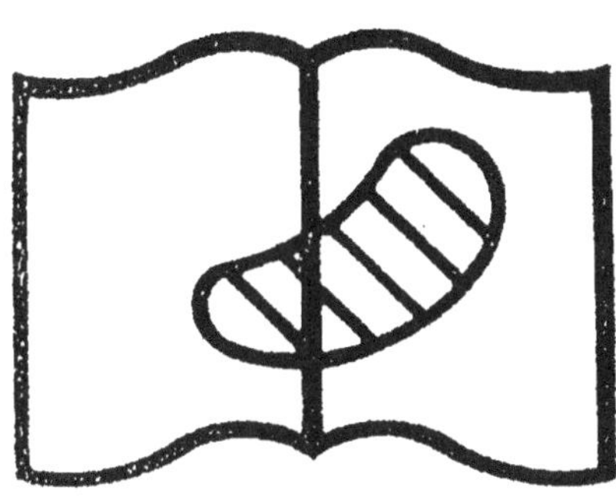

Illisibilité partielle

Original en couleur

NF Z 43-120-8

SÉNAT
EXTRAIT DU *JOURNAL OFFICIEL*
du 8 Juillet 1891

INTERPELLATION

ADRESSÉE AU

MINISTRE DE L'INTÉRIEUR

PAR

M. H. WALLON

SUR

L'INAUGURATION A PARIS

DE LA

STATUE DE DANTON, POUR LE 14 JUILLET

Séance du 7 Juillet 1891.

PARIS

IMPRIMERIE DES JOURNAUX OFFICIELS

31, QUAI VOLTAIRE, 31

1891

SÉNAT
EXTRAIT DU *JOURNAL OFFICIEL*
du 8 Juillet 1891

INTERPELLATION

ADRESSÉE AU

MINISTRE DE L'INTÉRIEUR

PAR

M. H. WALLON

SUR

L'INAUGURATION A PARIS

DE LA

STATUE DE DANTON, POUR LE 14 JUILLET

Séance du 7 Juillet 1891.

PARIS

IMPRIMERIE DES JOURNAUX OFFICIELS
31, QUAI VOLTAIRE, 31

1891

SÉNAT
EXTRAIT DU *JOURNAL OFFICIEL*
du 8 Juillet 1891.

INTERPELLATION

ADRESSÉE AU

MINISTRE DE L'INTÉRIEUR

PAR

M. H. WALLON

Séance du 7 Juillet 1891.

M. Wallon. Messieurs, il y a des noms qu'il serait bon de laisser à la libre discussion dans le domaine de l'histoire. Consacrer à ces personnages soit la dénomination d'une rue, soit surtout une statue, ce n'est pas seulement honorer leur mémoire, c'est aussi accepter leur œuvre et se faire, en quelque sorte, solidaire de leurs actes.

C'est ce qui arrive au sujet de Danton.

L'an dernier, j'avais interpellé M. le ministre de l'intérieur sur une décision du préfet de la Seine qui avait donné le nom de Danton à une rue de Paris.

Aujourd'hui, il ne s'agit plus seulement d'une rue : c'est une statue qu'on lui érige. J'aurais voulu n'avoir pas à revenir devant le Sénat sur ce pénible sujet. Aussi, à la fin d'octobre dernier, dès le premier coup de pioche donné pour la fondation du piédestal, j'avais écrit à M. le ministre de l'intérieur pour lui montrer simplement la signification que pourrait avoir l'érection d'une statue à Danton, non seulement à Arcis-sur-Aube, sa patrie, mais dans Paris, sur une place voisine du lieu où il demeura — c'est la raison qui sera donnée — mais trop voisine du principal théâtre des massacres de Septembre. (*Légères rumeurs à gauche.*) Cette lettre étant restée sans réponse, je suis bien forcé de renouveler ma question, alors que le fait que je prévoyais déjà est à la veille de s'accomplir.

Je suis certain que le ministre que j'ai l'honneur d'interpeller n'entend pas s'associer à la pensée de glorifier les journées de Septembre; il me répondra, je n'en doute pas, que c'est tout autre chose que l'on veut honorer dans la personne de Danton; mais je maintiens que, quoi qu'en disent Larousse et ses inspirateurs ou ses disciples, Danton restera dans l'histoire l'homme des journées de Septembre. Qu'il en ait eu ou qu'il n'en ait pas eu l'initiative, il en a la responsabilité. (*Certainement !* à droite. — *Dénégations sur plusieurs bancs à gauche.*)

M. Dide. Je demande la parole.

M. Wallon. Je laisse aujourd'hui de

côté les opinions conformes des historiens les plus avoués de la Révolution, Louis Blanc, Quinet, Michelet, auxquels on voudrait opposer les opinions d'écrivains qu'on estime plus considérables sans doute. Je ne veux pas engager une polémique dont ce n'est pas ici la place. Je ne veux qu'alléguer des faits qui sont hors de toute sérieuse contestation.

Je les réduis à trois :

1° Les massacres de Septembre ne furent pas l'explosion d'un mouvement populaire mais un attentat prémédité, préparé et accompli sous la direction de l'autorité publique ;

2° Ces massacres se sont continués pendant quatre à cinq jours : les 2, 3, 4, 5 et même 6 septembre ;

3° Danton, ministre de la justice, était le vrai chef du Gouvernement, et il n'a rien empêché de ce qui s'est accompli.

Si l'on accepte ces trois faits — et on ne les détruira pas — je n'ai qu'à descendre de la tribune, car la conclusion est nette: Danton est responsable de ces massacres.

Si on ne les accepte pas, il faut bien que je produise à l'appui quelques textes officiels, — non pas inédits, comme on me l'a fait dire ; notre honorable collègue, M. Dide, peut être assuré qu'il n'y aura pas lieu de former un comité d'enquête, — mais connus de lui-même et de tous ceux qui ont étudié l'histoire de la Révolution, textes authentiques, et prouvant qu'on ne peut point ne pas accepter ces faits ni récuser ma conclusion.

Pour me tenir rigoureusement dans ces termes, ayant d'ailleurs fait l'épreuve des interruptions qui ont, presque à chaque phrase, lors de ma dernière interpellation, tenté de jeter le trouble dans mes paroles, j'ai écrit mon discours.

Les massacres de Septembre ont été un attentat prémédité, préparé et accompli sous la direction de l'autorité publique.

Ces massacres ont été opérés par une bande d'assassins, comme on en peut rencontrer en temps de révolution dans une grande ville ; mais ils ont été préparés par la Commune insurrectionnelle du 10 août, et exécutés sous la direction de son comité de surveillance, — trop justement appelé comité d'exécution, — avec la complicité de l'autorité supérieure.

Dès le 10 août, il était passé en axiome que c'étaient, non les meneurs des sections qui avaient conspiré contre le château, mais le château qui avait conspiré pour faire égorger le peuple de Paris. Danton l'avait proclamé dans sa lettre du 18 août aux tribunaux. De là, des arrestations et l'établissement du tribunal extraordinaire du 17 août pour juger les conspirateurs. Mais ce tribunal jugeait avec les formes des tribunaux ; du 20 au 31 août il avait prononcé trois condamnations et deux acquittements — des jugements de trente heures, de quarante-huit heures ! — Et l'ennemi envahissait la France avec les émigrés, et Longwy capitulait le 23 ; Verdun était assiégé. L'ennemi n'allait-il pas donner la main aux royalistes ? — *Il faut faire peur aux royalistes.* C'est le mot imputé à Danton et qui fut la pensée première des massacres.

Ici commence la préparation officielle de ces funestes journées.

Dans la nuit du 28 au 29, Danton prononce à l'Assemblée le discours où il réclame la levée et les arrestations en masse :

« ... C'est par une convulsion que nous avons renversé le despotisme ; ce n'est que par une grande convulsion nationale que nous ferons rétrograder les despotes. » (*Très bien ! sur plusieurs bancs à gauche.*)

« On a jusqu'à ce moment fermé les portes de la capitale, et l'on a eu raison ; il était important de se saisir des traîtres ; mais y en eût-il 30,000 à arrêter, il faut qu'ils soient arrêtés demain et que demain Paris communique avec la France entière. » Et le décret des visites domiciliaires est voté.

Le lendemain, Danton se rend à la séance de la Commune :

« M. Danton, ministre de la justice, dit le procès-verbal, est entendu sur les moyens de vigueur à prendre dans les circonstances actuelles. »

Il n'est question, bien entendu, dans le

procès-verbal, que des visites domiciliaires
et des arrestations qui doivent s'opérer sans
délai.

Les barrières sont fermées ; à quatre heures
chacun doit être rentré chez soi, sous peine
d'être tenu pour suspect ; à dix heures du
soir, les visites et les arrestations commen-
cent pour se continuer le 30 et même le 31.

Le 1er septembre, plusieurs de ceux
qu'on voulait soustraire au massacre sont
tirés de prison (témoignages de l'abbé Sicard, de Jourgniac-Saint-Méard, de Maton
de la Varenne).

Le 2, Marat qui, depuis si longtemps, demande des têtes, est, en vertu d'un arrêté
de la Municipalité, adjoint, avec cinq autres, par Panis au Comité d'exécution.

Le même jour, à l'Abbaye, le dîner des
prisonniers est avancé, les couteaux leur
sont retirés.

A deux heures est affiché un nouvel
arrêté qui ordonne de fermer les barrières,
sonner le tocsin, tirer le canon d'alarme.

C'est au bruit du tocsin et du canon
d'alarme que le comité d'exécution fait
sortir de la mairie (préfecture de police)
pour l'Abbaye les quatre voitures contenant
vingt-quatre prêtres destinés au massacre.

Je passe ce premier massacre commencé
au carrefour Bucy, dans les voitures, par
les fédérés mêmes qui en formaient l'escorte,
et achevé dans la cour de l'Abbaye. Je
passe le massacre des Carmes, accompli par
ceux qui venaient de faire ce dernier massacre, et je reviens avec les égorgeurs à

l'Abbaye, au moment où l'assassinat va prendre les formes d'une exécution par jugement, où la direction du Comité de surveillance et la complicité de la Commune se manifestent soit par les ordres qui sont écrits ou consignés dans les procès-verbaux, soit par les hommes dont la présence est constatée sur la scène du carnage.

Voici un extrait des procès-verbaux de la Commune :

« Commune de Paris, 2 septembre, à quatre heures du soir. — Un officier de la garde nationale apporte la nouvelle que plusieurs prisonniers que l'on conduisait à la Conciergerie ont été tués et que la foule commençait à pénétrer dans les prisons.

« On demande des commissaires pour aller aux différentes prisons pour protéger les prisonniers qui y sont renfermés pour dettes ou pour mois de nourrice, ainsi que pour des causes civiles. »

Pourquoi pas les autres? Ils sont donc abandonnés au massacre?

« Sur la proposition de faire sortir de Sainte-Pélagie les prisonniers qui y sont purement pour dettes et reconnus comme tels par la vérification de l'écrou :

« Le conseil a arrêté que la prison de Sainte-Pélagie serait ouverte.

« On propose, par amendement, de faire sortir de prison tous ceux qui y sont pour dettes et pour mois de nourrice, ainsi que pour les causes civiles. Arrêté. »

La Force comprenait deux quartiers : le quartier des hommes ou la Grande-Force et le quartier des femmes ou la Petite-Force. La Commune voulant soustraire ces femmes au massacre les fit mettre en liberté, excepté une : la princesse de Lamballe que l'on fit passer à la Grande-Force. Pourquoi? Pour la faire égorger.

La Commune était instruite heure par heure de ce qui se passait dans les prisons et elle ne cessait d'y envoyer des commissaires « pour calmer les esprits ». (2 septembre, nuit du 2 au 3 septembre.)

N'y avait-il rien d'autre à faire que de calmer les esprits? Les massacres étaient-ils l'effet d'un mouvement populaire qui entraîne tout irrésistiblement? Non. Les prisons ne sont forcées nulle part : elles sont ouvertes, et l'on sait comment les choses se sont passées. A l'Abbaye, à la Force, il s'était formé une sorte de tribunal, présidé par des gens connus : Maillard, par exemple, à l'Abbaye. On s'était fait remettre les livres d'écrou. Ces livres d'écrou ont existé jusqu'aux incendies de la Commune en 1871. Ils ont été vus et décrits par Buchez et Roux dans leur *Histoire parlementaire* et par tous ceux qui, avant 1870, se sont occupés de l'histoire de ces journées. Le registre d'écrou de l'Abbaye était souillé de taches de vin et de taches de sang.

Il y avait une formule de condamnation consacrée à l'Abbaye et à la Force : ce qui prouve qu'il y avait bien concert entre les massacreurs de ces deux prisons.

A l'Abbaye : Conduisez monsieur à la Force.

A la Force : Conduisez monsieur à l'Abbaye.

Et l'exécution suivait.

Pour les Suisses, elle précéda. Les Suisses étaient à l'avance condamnés. Danton, ministre de la justice, avait prononcé leur sentence. Le 1ᵉʳ septembre, il écrivait, en cette qualité, à Réal, accusateur public près le tribunal du 17 août :

« Si, comme vous le pensez, les capitulations exceptent les crimes de lèse-majesté, c'est-à-dire la ci-devant majesté royale, à plus forte raison le crime de lèse-majesté nationale, l'assassinat du peuple doit-il en être excepté! J'ai lieu de croire que ce peuple outragé, dont l'indignation est soutenue contre ceux qui ont attenté à la liberté, et qui annonce un caractère digne enfin d'une éternelle liberté, ne sera pas réduit à se faire justice lui-même, mais l'obtiendra de ses représentants et de ses magistrats. »

Le 2 septembre, au moment où le major des Suisses, Bachmann, était jugé par le tribunal, les Suisses enfermés à l'Abbaye étaient égorgés sans tant de formalités; ceux de la Conciergerie allaient suivre.

Je n'ai point à retracer les scènes si connues de ces jugements dérisoires et de ces exécutions accomplies à loisir sous l'œil des autorités, scènes décrites non seulement par des prisonniers échappés au mas-

sacre (l'abbé Sicard, Jourgniac-Saint-Méard,
à l'Abbaye; Maton La Varenne, à la Force),
mais par des hommes que leurs fonctions
avaient appelés ou retenaient sur les lieux :
Méhée fils (Felhémési), secrétaire greffier
de la Commune du 10 août; Antoine Jourdan, président de la section des Quatre-
Nations, laquelle siégeait à l'Abbaye
pendant le massacre. Je m'en tiens aux
preuves authentiques de la participation
du Comité de surveillance et de la complicité de la Commune dans ces massacres
par jugement.

Voici une lettre bien connue, adressée
par deux membres de la Commune, plus
tard membres de la Convention, Panis et
Sergent, aux exécuteurs de l'Abbaye :

« Au nom du peuple, mes camarades, il
vous est enjoint de juger tous les prisonniers de l'Abbaye sans distinction, à l'ex-
ception de l'abbé Lenfant que vous mettrez
dans un lieu sûr. »

L'abbé Lenfant était frère d'un des membres adjoints au Comité d'exécution avec
Marat.

Et à la Force? Ce sont des membres
mêmes de la Commune qui siègent. Le 6,
lorsque le maire Pétion se décide enfin à
aller voir ce qui se passe, il y trouve le tribunal des égorgeurs en pleine activité: « Je
vois, dit-il, deux officiers revêtus de leur
écharpe, je vois trois hommes tranquillement assis devant une table, les registres
d'écrou ouverts et sous leurs yeux, faisant

l'appel des prisonniers; d'autres hommes
les interrogeant, d'autres faisant fonctions
de jurés et de juges. Une douzaine de
bourreaux, les bras nus, couverts de sang,
les uns avec des massues, les autres avec
des sabres et des coutelas qui en dégout-
taient, exécutaient à l'instant les jugements, » etc. Deux officiers municipaux en
écharpe, de prétendus juges et jurés, une
douzaine d'exécuteurs ! Le 5 septembre,
Pétion y aurait trouvé, siégeant comme
commissaire de la Commune, le fameux
Rossignol, car voici ce qu'on lit dans le
procès-verbal de la séance de ce jour :

« M. Rossignol étant excédé de fatigue,
et même malade, demande qu'on aille le
relever à la prison qu'on croit être celle de
la Force. Le défaut de désignation dans sa
lettre fait que MM. Marino et Toulan, nom-
més commissaires, ne peuvent remplir leur
mission. »

Dans les procès-verbaux des séances de
la Commune des 3, 4, 5 et 6, on peut relever d'autres traits qui témoignent de l'hy-
pocrisie dont elle se couvrait, voulant avoir
l'air de faire quelque chose, ne faisant rien,
et laissant tout faire : par exemple le 3 septembre au soir; le 4 au matin; je me borne
à y renvoyer.

Il y a une chose qui doit paraître étrange
dans ce massacre étendu à toutes les prisons ; mais cela même nous révèle un
plan bien arrêté et une direction supérieure. On comprend, vu l'objet que l'on se

proposait, qu'on ait massacré les suspects et les prêtres : les suspects, on les avait arrêtés pour cela ; les prêtres, détenus, au couvent des Carmes et au séminaire Saint-Firmin, illégalement détenus, car ayant, selon leur droit, refusé le serment ecclésiastique, ils avaient, d'après la loi du 23 août, quinze jours pour sortir du royaume ; prêtres et réfractaires, ils étaient plus que suspects. Mais comment a-t-on fait ou laissé égorger les forçats de la tour Saint-Bernard, les femmes de la Salpêtrière et les mendiants ou détenus correctionnellement de Bicêtre? C'est que, pour justifier le massacre des autres, il fallait faire croire à une conspiration des prisons. Le bruit en avait été répandu dès la première heure, et ce dessein se trahit par plus d'un fait officiellement constaté.

Dans la nuit du 2 au 3, à l'Assemblée nationale, on parle déjà de l'insurrection de Bicêtre et des mesures prises pour la réprimer. Guiraud, l'un des commissaires délégués de la Commune, dit : « On est allé à Bicêtre avec sept pièces de canon. »

Et le 3, au matin, à la Commune : « Un membre annonce qu'il se répand un bruit que les prisonniers de Bicêtre, munis d'armes à feu, se défendent contre ceux qui veulent pénétrer dans la maison ; qu'ils ont déjà tué plusieurs citoyens. Il demande à être autorisé à se faire accompagner d'une force armée imposante pour les réduire le plus tôt possible et parer aux conséquences terribles de leur effusion dans la ville. »

Inutile de dire que les malheureux enfermés à Bicêtre ne songeaient à rien moins qu'à la révolte, et que, sous la protection de la force armée des sections voisines, ils furent, le 3 et le 4, égorgés ou assommés sans résistance.

Mais il fallait un argument qui s'appliquât à toutes les prisons. Le 4 septembre, dans la séance de la Commune, on lut une lettre, adressée, disait-on, de Bruxelles à un citoyen Navarre, marchand de toiles, rue Saint-Honoré, à Paris, lettre qui porte et dans son cachet et dans son contenu tous les signes du faux. — On la peut voir dans l'*Histoire parlementaire*, t. XVIII, p. 250 :

« Le citoyen honnête à qui cette lettre est adressée, dit le procès-verbal, en a donné connaissance au commissaire de la Commune, qui en a fait faire la lecture.

« Le conseil général a cru voir dans cette lettre un indice frappant de l'affreux projet des ennemis de la liberté et de l'égalité, de tous les chevaliers du poignard qui, comptant sur la scélératesse de la plupart des geôliers et concierges, voulaient faire ouvrir les prisons aux malfaiteurs et s'unir à eux, moyennant un mot de ralliement, pour égorger en une nuit tous les patriotes de la capitale et se venger, par de lâches assassinats, de la glorieuse victoire remportée le 10 août.

« Il est arrêté que cette lettre sera imprimée, figurée comme elle est, avec une note des présomptions qu'elle a fait naître au conseil.

« Un membre demande que l'impression soit retardée jusqu'à ce que le citoyen Navarre ait été entendu et qu'on sache s'il ne pourrait pas donner des lumières à cet égard. » — C'était assez naturel! — « On le fait chercher, mais il est à la campagne. »

Et la chose en reste là! Mais le prétexte était trouvé, confirmé. Les prisonniers avaient conjuré l'égorgement de Paris. « Les bras vengeurs, » comme on disait à la Commune, pouvaient les frapper tous; et c'est ainsi que périssaient, avec les prêtres des Carmes et de Saint-Firmin, avec les suspects de l'Abbaye, de la Conciergerie du Châtelet et de la Force, les 72 forçats de la tour Saint-Bernard, les 34 femmes de la Salpêtrière, et les 159 ou 170 détenus de Bicêtre, y compris 43 enfants de treize à dix-sept ans dont on a l'âge et les noms dans les listes officielles.

Ces massacres n'ont donc pas le caractère de tueries opérées dans un moment d'affolement par une multitude égarée. Ce sont des massacres prémédités, exécutés sous la direction du comité de surveillance, avec la complicité de la Commune, et, ce qui ajoute un complément de preuves d'ailleurs superflu, exécutés à la solde de la Commune. Cela est établi par des témoins irrécusables : Mme Roland au ministère de l'intérieur ; le maire Pétion, quand il vint à la Force : « Ils demandaient, dit-il, — pourrait-on le croire ?

— ils demandaient à être payés du temps qu'ils avaient passé. » Et Jourdan, le président du comité des Quatre-Nations qui était à l'Abbaye et à qui « sept ou huit massacreurs vinrent demander leur salaire ». Ces témoignages s'appuient d'ailleurs sur des pièces de comptabilité, des bons que l'archiviste de la préfecture de police, M. Labat, avait réunis en partie et dont M. Villiaumé, entre autres, dit : « Je les ai vus tous. » Ils s'appuient aussi sur l'extrait de l'état des sommes payées par le trésorier de la Commune de Paris. Dans une de ces pièces il est question de ceux qui ont « travaillé à conserver la salubrité de l'air les 3, 4 et 5 septembre », les dépouilleurs, les transporteurs. Et il y en eut sans doute de cette sorte ; mais il y en eut d'autres que l'on appelle aussi, très discrètement, des ouvriers, des travailleurs. Jourdan, qui les a vus, dit « des massacreurs » : qu'on n'en fasse pas des patriotes ! Des gens qui réclament un salaire pour égorger n'ont pas cédé sans doute à un entraînement patriotique. ((*Très bien ! très bien ! à droite.*)

J'ai suffisamment établi d'après les pièces officielles mon premier point, « le caractère municipal des massacres » : 1° l'action du comité de surveillance : quand on n'aurait que cette circulaire du 3 septembre, destinée à étendre le massacre en province et qui porte les noms des membres de ce comité ! et 2° la complicité de la Commune.

Mon second point, « la durée des massacres pendant cinq jours », résulte déjà des faits que j'ai cités.

A l'Abbaye, le massacre commence le 2 au soir. Pendant la nuit, les égorgeurs fatigués vont prendre du repos dans la salle du comité des Quatre-Nations et se livrent à l'orgie. Quoi de plus facile que de les jeter à la porte, si on l'eût voulu ? Ils se remettent à l'œuvre le 3 au matin. Le 3, Billaud-Varenne, substitut de la Commune, qui est venu le 2 haranguer fraternellement les massacreurs, les retrouve à l'Abbaye, à l'ouvrage. Le 4 encore, un prêtre y est écroué par ordre : car dans cette période de massacres on envoyait encore à cette prison, à cette boucherie, où l'on savait que les détenus étaient égorgés.

A la Conciergerie, le massacre a lieu du 2 au 3.

A la tour Saint-Bernard, au séminaire Saint-Firmin, le 3 ; à Bicêtre, le 3 et le 4.

A la Salpêtrière, le 4.

A la Force, du 2 au 6 inclusivement.

Le 5, Rossignol, je l'ai dit, demande à être relevé, et le 6, Pétion y trouve encore tribunal et égorgeurs en plein exercice.

Ces deux points sont donc bien établis. Le massacre n'est pas l'effet d'un soulèvement populaire, mais un massacre par ordre, exécuté par un petit nombre d'égorgeurs qui se font payer ; et cela dure quatre et cinq jours ! Cela étant, on doit se demander si le comité de surveillance ou d'exécution qui se met franchement en avant et la Commune qui se laisse voir, tout en se te-

nant en arrière, sont seuls responsables.
Non ils ne sont pas seuls responsables. Les
fédérés, la population de Paris, fourniront
des égorgeurs ; mais ce n'est pas la masse
des fédérés, ce n'est pas la population de
Paris qu'on en peut accuser. On calomnie
nos volontaires de 1792, on calomnie la population parisienne quand on leur impute
le crime qui est le crime de la Commune
insurrectionnelle du 10 août et de son comité d'exécution. La population de Paris
n'est coupable que d'un laisser-faire dé-
plorable en présence d'audacieux scélérats
qui agissaient sous le couvert de l'écharpe
municipale.

Mais il y en a d'autres qui doivent en ré-
pondre aussi :

1° L'Assemblée législative, qui ne sait
qu'envoyer des commissaires et sur les
lieux et à l'Hôtel de Ville, où on lui répond
par l'envoi d'autres commissaires ;

2° Pétion, le maire de Paris, qui explique
si péniblement son inaction pendant les
premiers jours et qui à la fin prouve si
bien comme il aurait été facile de tout réprimer dès l'origine. J'ai cité plus au
long son discours dans ma précédente interpellation ;

3° Santerre, le commandant de la garde
nationale ; mais celui-là est de cœur dans
le complot. Il est le beau-frère de Panis,
qui fut le principal membre du Comité
d'exécution avec Marat, et il pouvait né-
gliger les ordres ou les avertissements de

Pétion ou du ministre de l'intérieur, étant de connivence avec la Commune. Ses gardes nationaux, pendant les cinq nuits, font des patrouilles dont les chefs déclarent que tout est calme dans Paris. Où est donc cet irrésistible mouvement populaire? Seulement, le 3 septembre, on trouve dans les rapports de l'état-major général :

« 6e légion. — N'a pas envoyé son rapport. Une foule de gens armés s'est portée cette nuit dans les prisons et a fait justice des malveillants de la journée du 10. Rien autre. »

On sait pourtant, par le rapport de Jourdan, président de la section des Quatre-Nations, qu'il y avait des gardes nationaux à l'Abbaye où il siégeait, dans la nuit du 2 au 3. Etait-ce pour empêcher les massacres? c'était plutôt pour les protéger : ils avaient la consigne d'empêcher de sortir; le président de la section eut grand'peine d'obtenir qu'on le laissât aller un moment chez lui.

Et que faisaient les autres gardes nationaux ?

« Ils étaient occupés, » dit Tallien, un des commissaires délégué par la Commune à la l'Assemblée législative dans la nuit du 2 au 3, « ils étaient occupés à garder les barrières. » Fallait-il tant de monde pour garder les barrières ? Les barrières étaient-elles plus menacées le 2, le 3, le 4 et le 5, qu'elles ne l'étaient le 6, jour où on lit dans le procès-verbal des séances de la Commune :

« M. le commandant général provisoire est autorisé à diminuer la force armée qui monte aux barrières et à n'y laisser qu'un sous-officier avec quatre hommes, lesquels suffiront pour vérifier si les voyageurs et voitures sont dans les termes de la loi. »

Santerre partage donc toute la responsabilité de la Commune qui lui commandait ; mais ce n'est pas tout.

4° Est encore responsable le Conseil exécutif, et dans le conseil Roland, le ministre de l'intérieur, qui reçoit le 2 la visite des massacreurs demandant à être payés et qui les arrête pas, qui écrit le 4 à Santerre une lettre fort pressante et se contente d'une réponse où Santerre verse comme lui un pleur sur ce qui arrive.

Mais dans le conseil, il y a un homme bien plus responsable encore que Roland, c'est Danton. (*Ah! — Enfin! à-gauche.*)

Danton avait des liens étroits avec les auteurs du 10 août. Il se trouvait, lorsque cette révolution s'accomplit, substitut du procureur de la Commune. La Commune insurrectionnelle qui supplanta l'ancienne Commune, n'eut garde de le déplacer; mais il ne resta pas longtemps dans ces fonctions, ayant été élu ministre de la justice.

Danton, dans un ministère en majorité girondin, fut l'homme de la Commune. Il s'était concerté avec elle pour opérer les arrestations, et aussi — les historiens les plus dévoués à la Révolution n'en doutent pas — pour les événements qui ont suivi.

Mais je ne reproduis pas les textes que j'ai cités dans une précédente interpellation, je ne veux pas discuter ce qui peut être controversé. Je m'en tiens aux faits constants (*On rit*), aux faits bien établis.

Ce qui est avéré, c'est qu'il fut l'homme dominant du Gouvernement. Ceux qui se posent pour ses plus ardents champions en conviennent et lui en font gloire. M. Robinet appelle Danton « président du conseil exécutif de la République française aux mois de septembre et d'août 1792 », par une anticipation voulue, assurément, en ce qui touche le nom de République.

M. Dide. Il ne croit pas à sa participation aux massacres de Septembre.

M. Wallon. Vous me répondrez tout à l'heure.

Et encore : « Depuis le 10 août 1792 jusqu'au même mois de l'année suivante, Danton fut à tout et partout. » Et M. Aulard : « En fait Danton fut le chef du gouvernement français depuis le premier jour de la chute de la royauté jusqu'à la fin de septembre de la même année, époque où il remit sa démission à l'Assemblée nationale. »

Il disparaît pendant les exécutions ; mais Marat non plus ne se montre nulle part, ni aux Carmes, ni à l'Abbaye, ni à la Force.

Danton disparaît — mais il est là ! — Et comprend-on que les massacres durent quatre et cinq jours en face de Danton, s'il ne les couvrait de son redoutable silence, disons mieux, s'il ne les autorisait de sa ferme volonté ?

Quoi! pendant ces jours-là Danton n'aurait pas eu la force de réprimer les égorgeurs? Mais le monument même qu'on veut lui ériger, groupe remarquable, qui serait fort bien placé, comme œuvre d'art, au musée du Luxembourg, ce monument où l'on voit les volontaires se levant à l'appel de Danton, c'est ce qui le condamne. Danton, par sa voix puissante, enlève les volontaires, et il n'aurait pas pu entraîner après lui cinquante de ces jeunes gens pour chasser de l'Abbaye cette bande de misérables qui étaient là se gorgeant de sang et de vin! (*Très bien! très bien! à droite.*) Pétion, qui n'est pas un foudre de guerre, se rend, le 6, avec quelques municipaux à la Force. Il y trouve les massacreurs au travail, comme on disait; il les harangue et les fait tous sortir devant lui. Ils reviennent, il est vrai, quand il est parti; mais il reparaît et il les chasse. Et Danton ayant affaire à trois ou quatre cents égorgeurs en tout, répartis entre les prisons, quelques douzaines d'assassins salariés dans chacune, aurait reculé épouvanté!

En vérité, à force de vouloir justifier Danton, on le diminue et on l'annule. Un Danton effrayé, un Danton pusillanime! J'ai une tout autre idée de Danton, et je l'ai dit: Si Danton a commis les massacres, s'il les a soufferts, c'est qu'il les a voulus. (*Protestations à gauche.*) — Danton n'était pas un peureux et un lâche. — Il les a connus, il les a soufferts; donc il les a voulus.

C'est là jugement qui a été porté dans le temps même sur tous les hommes qui partagent à des degrés divers la responsabilité de ces journées.

Permettez-moi de remettre sous vos yeux les paroles de Pétion :

« Je pense, dit-il, que ces crimes n'eussent pas eu un aussi libre cours, qu'ils eussent été arrêtés, si tous ceux qui avaient en main les pouvoirs et la force les eussent vus avec horreur ; mais, je dois le dire, plusieurs de ces hommes publics, de ces défenseurs de la patrie, croyaient que ces journées désastreuses et déshonorantes étaient nécessaires, qu'elles purgeaient l'empire d'hommes dangereux, qu'elles portaient l'épouvante dans l'âme des conspirateurs, et que ces crimes odieux en morale étaient utiles en politique.

« Oui, voilà ce qui a ralenti le zèle de ceux à qui la loi avait confié le maintien de l'ordre. »

Oui, répéterai-je, voilà bien la pensée des auteurs et des complices de ces journées, et ils ne s'en cachaient pas. J'ai cité les paroles de Collot d'Herbois, de Fabre d'Eglantine. Ils s'indignaient qu'on distinguât le 2 septembre du 10 août. Pour eux « l'affaire du 2 septembre était le grand article du *Credo* de la liberté ». Et Danton que, dans d'excellentes intentions, mal justifiées sans doute, on voudrait faire étranger aux journées de Septembre, les a-t-il lui-même reniées ? Il faut vous redire en quels termes, le 10 mars 1793, il en évoque le souvenir pour faire établir le tribunal révolutionnaire de Paris :

« Dans des circonstances plus difficiles, quand l'ennemi était aux portes de Paris, j'ai dit à ceux qui gouvernaient alors : Vos discussions sont misérables, je ne connais que l'ennemi, battez l'ennemi. Je leur disais : Eh ! que m'importe ma réputation ! que la France soit libre et que mon nom soit flétri !... (*Vifs applaudissements à gauche.*)

M. Wallon. « ... Que m'importe d'être appelé buveur de sang ! »

Voix à droite. Applaudissez donc !

M. Dide. C'était le mépris de la calomnie, pas autre chose !

M. Wallon. « Eh bien, buvons le sang des ennemis de l'humanité, s'il le faut, combattons, conquérons la liberté ! »

Non ces hommes-là ne reniaient pas les journées de Septembre. Les Girondins à la Convention les ont attaquées, les Montagnards les ont toujours défendues ; et aujourd'hui même, croit-on que le parti révolutionnaire soit d'accord pour les anathématiser ? Il suffit, pour s'en assurer, de lire les articles que l'annonce seule de cette interpellation a suscités dans la presse. Ceux qui ont voté naguère le rétablissement de la statue de Marat sur une place publique, prétendent-ils aussi que Marat n'y ait été pour rien ? (*Bruit*) et je vous surprendrai peut-être en vous disant que parmi les auteurs sur lesquels on s'appuie pour glorifier Danton, pour le défendre de toute participation aux journées de Septembre. Il y en a qui font leurs réserves sur le fait même des journées de Septembre. On y oppose d'autres journées, par exemple ce qu'on appelle la « décimation de Paris en 1791 », et l'on conclut : « Aussi bien, lorsqu'on considère qu'en septembre comme après le 14 juillet la Révolution a surtout frappé les complices et les bénéficiaires du pacte de famine, il y a lieu de s'en moins effrayer. » — Complices ou bénéficiaires du pacte de famine, les forçats de la tour Saint-Bernard, les femmes de la Salpêtrière et les enfants de Bicêtre !

Danton fut un grand patriote, je l'accorde (*Très bien ! très bien ! à gauche*) et je m'associerai volontiers à l'hommage qu'à cet égard notre honorable collègue M. Dide voudra lui rendre fort éloquemment tout à l'heure. Moi-même je ne lui ai pas marchandé ma sympathie quand je l'ai vu, dégoûté du terrorisme, tomber dans les filets de l'homme que son modérantisme de fraîche date inquiétait, et périr à son tour dans une sorte de guet-apens sans avoir même pu se défendre.

Il fut un grand patriote ; seulement, il crut faire acte de patriotisme quand, menacé par l'ennemi du dehors et par l'émigration, il fit ou laissa volontairement égorger à Paris tous ceux qui, suspects de royalisme, lui paraissaient à ce seul titre conspirer avec l'ennemi. C'est une sorte de patriotisme que je réprouve. (*Protestations et bruit.*)

Il faut le dire d'ailleurs : son intervention comme patriote aux jours des grands périls eut toujours quelque chose de violent et de démesuré (*Rumeurs à gauche*) ; il est obsédé de la pensée d'exterminer avant tout l'ennemi intérieur. Lors de la première invasion, à la nouvelle de la prise de Longwy et du siège de Verdun, ce sont les journées de Septembre. En mars 1793, après les premiers échecs de l'armée de Dumouriez en Belgique, quand l'invasion reparaît menaçante, c'est l'établissement du tribunal révolutionnaire ; en août et septembre, quand la prise de Valenciennes ouvre une brèche si grande à notre frontière, quand le comité de Salut public, par l'organe de Barère, fait décréter la levée en masse, Danton est encore là, recommandant qu'on n'y comprenne pas les suspects : « Enfermons-les, ils seront nos otages » (séance du 12 août), et, réclamant l'extension du tribunal révolutionnaire :

« Il faut que le tribunal révolutionnaire soit divisé en un assez grand nombre de sections pour que tous les jours un aristocrate, un scélérat paye de sa tête ses forfaits. » (Séance du 5 septembre 1793.) — Une tête d'aristocrate par jour ! On lui en donna bien davantage ! et des têtes de démocrates aussi. Il en sut quelque chose !

Est-ce en souvenir des journées de Septembre que le Gouvernement autoriserait qu'on lui élevât une statue ? Non assurément, et je me hâte de le dire, ce n'est pas la pensée que le monument exprime, ce n'est pas l'intention que je veux supposer au conseil municipal qui l'a voté. Mais l'histoire ne se prête pas aux accommodements de la politique, elle ne se façonne pas au gré des partis. S'il est bon de distinguer entre les actes de la Révolution, s'il n'est pas vrai de dire que « la Révolution est un bloc (*Sourires*), un bloc dont on ne peut rien distraire », il est vrai, au contraire, quand il s'agit d'un homme, qu'il le faut prendre tout entier, que la personne est indivisible. Il y a des choses qui sont inséparables d'un nom ; or pour Danton, je le regrette, il en est ainsi des journées de Septembre.

M. Tézenas. Je demande la parole.

M. Wallon. Quelle que soit sa part à la préméditation ou à l'exécution des massacres, c'est lui, comme chef incontestable du gouvernement qui en est responsable. Les massacres de Septembre n'ont point passé comme un ouragan sur Paris : ils se sont continués méthodiquement et tranquillement pendant cinq jours. Danton avait tout le loisir et les moyens d'y faire obstacle, et il n'a rien fait pour les réprimer.

Qu'on ne se croie donc pas à l'abri de tout reproche en disant : Si nous élevons une statue à Danton, c'est le patriote que nous voulons honorer, c'est celui qui poussa les volontaires à la frontière. Danton fut un patriote ; il appela la France aux armes contre l'ennemi ; mais il commença par ordonner ou par souffrir qu'on préludât à la défense du pays par l'égorgement d'une foule de malheureux absolument étrangers à l'agression. Quoi que l'on dise et quoi que l'on fasse, il est l'homme des journées de Septembre. Il y a sur son nom une tache de sang, de sang innocent, de sang français, que son sang même, iniquement versé plus tard, ne saurait effacer.

Je demande donc à M. le ministre de l'intérieur s'il y a un décret autorisant la ville de Paris à élever une statue à Danton;

S'il a autorisé le conseil municipal à ériger cette statue sur le boulevard Saint-Germain, près de l'emplacement de l'ancienne Abbaye;

Et si le Gouvernement a l'intention de se faire représenter à l'inauguration du monument. (*Très bien! très bien! à droite.*)

Imp. des *Journaux officiels*, 31, quai Voltaire.

9 782016 203538